Weihnachtslieder

AF272492

Jan Siefken

Weihnachtslieder

Die schönsten Lieder zu Weihnachten, Nikolaus und Advent

Jan Siefken
Mail: Jan.Siefken@t-online.de
Internet: www.weihnachten-online.org

Copyright © 2008 Jan Siefken
Herstellung und Verlag:
Books on Demand GmbH, Norderstedt
ISBN-13: 9783837056600

Bibliografische Information der Deutschen Nationalbibliothek: Die Deutsche Nationalbibliothek ver-
zeichnet diese Publikation in der Deutschen Natio-
nalbibliografie; detaillierte bibliografische Daten sind
im Internet über http://dnb.d-nb.de abrufbar.

Inhaltsverzeichnis

Vorwort

In diesem Buch finden Sie eine Sammlung der beliebtesten Weihnachts- und Adventslieder zum Mitsingen

Weihnachten und Advent - Zeit der Besinnlichkeit und der Gemütlichkeit! Zu Weihnachten gehören neben den Weihnachtsmärkten, den Weihnachtsgeschenken, dem Tannenbaum und dem Weihnachtsgebäck, traditionell auch die Weihnachtslieder.

Ein Weihnachtslied ist ein Lied, welches an Weihnachten und in der Adventszeit gesungen wird, weil der Liedtext einen Bezug zum christlichen Feiertag herstellt. Sie werden sowohl bei christlichen Gottesdiensten gesungen als auch als Hintergrundmusik in Kaufhäusern gespielt und auch in der Familie stimmt man zu Weihnachten und in der Vorweihnachtszeit gerne ein Weihnachtslied an. Die ältesten Weihnachtslieder im westlichen Kulturkreis waren lateinische Hymnen, die in der Messe und im Stundengebet bereits im Mittelalter gesungen wurden. Das Singen von Weihnachtsliedern hat eine alte Tradition. Doch wer kennt schon alle Liedtexte auswendig? Oft genug stimmen wir in geselliger Runde, bei einem Glas Glühwein, ein schönes Weihnachtslied an und plötzlich wissen wir den Text nicht mehr und summen nur noch so vor uns hin.

"Stille Nacht, heilige Nacht!" und "O Tannenbaum" bekommt man vielleicht gerade noch so hin. Bei vielen anderen Liedern fällt uns allerdings oft der Liedtext nicht mehr ein.

Dieses Buch soll allen Gesangesfreunden als Hilfe dienen. In diesem Buch finden Sie die Liedtexte zu den beliebtesten Weihnachts- und Adventsliedern zum Mitsingen.

Ich wünsche Ihnen fröhliche Weihnachten!

Jan Siefken

www.weihnachten-online.org

O Tannenbaum

O Tannenbaum, o Tannenbaum,
wie treu sind deine Blätter!
Du grünst nicht nur zur Sommerzeit,
nein, auch im Winter, wenn es schneit.
O Tannenbaum,o Tannenbaum,
wie treu sind deine Blätter!

O Tannenbaum, o Tannenbaum,
du kannst mir sehr gefallen.
Wie oft hat nicht zur Weihnachszeit
ein Baum von Dir mich hoch erfreut!
O Tannenbaum,o Tannenbaum,
du kannst mir sehr gefallen!

O Tannenbaum, o Tannenbaum,
dein Kleid will mich was lehren:
Die Hoffnung und Beständigkeit
gibt Kraft und Trost zu jeder Zeit.
O Tannenbaum,o Tannenbaum,
dein Kleid will mich was lehren.

O du fröhliche, o du selige

O du fröhliche, o du selige,
gnadenbringende Weihnachtszeit!
Welt ging verloren, Christ ward geboren:
Freue, freue dich, o Christenheit!

O du fröhliche, o du selige,
gnadenbringende Weihnachtszeit!
Christ ist erschienen, uns zu versühnen:
Freue, freue dich, o Christenheit!

O du fröhliche, o du selige,
gnadenbringende Weihnachtszeit!
Himmlische Heere jauchzen dir Ehre:
Freue, freue dich, o Christenheit!

Kling, Glöckchen, klingelingeling

Kling, Glöckchen, klingelingeling,
kling, Glöckchen, kling!
Laßt mich ein, ihr Kinder,
ist so kalt der Winter,
öffnet mir die Türen,
laßt mich nicht erfrieren.
Kling, Glöckchen, klingelingeling,
kling, Glöckchen, kling!

Kling Glöckchen...
Mädchen hört und Bübchen,
macht mir auf das Stübchen,
bring' euch milde Gaben,
sollt' euch dran erlaben.
Kling Glöckchen...

Kling Glöckchen...
Hell erglühn die Kerzen,
öffnet mir die Herzen,
will drin wohnen fröhlich,
frommes Kind, wie selig.
Kling Glöckchen...

Vom Himmel hoch, da komm ich her.

Vom Himmel hoch, da komm ich her.
Ich bring euch gute, neue Mär.
Der guten Mär bring ich so viel,
Davon ich sing'n und sagen will.

Euch ist ein Kindlein heut geborn,
Von einer Jungfrau auserkorn,
Ein Kindelein so zart und fein,
Das soll eur Freud und Wonne sein.

Es ist der Herr Christ, unser Gott.
Der will euch führn aus aller Not.
Er will eur Heiland selber sein,
Von allen Sünden machen rein.

Er bringt euch alle Seligkeit,
Die Gott der Vater hat bereit't,
Daß ihr mit uns im Himmelreich
Sollt leben nun und ewiglich.

So merket nun das Zeichen recht:
Die Krippen, Windelein so schlecht.
Da findet ihr das Kind.gelegt,
Das alle Welt erhält und trägt.

Des laßt uns alle fröhlich sein
Und mit den Hirten gehn hinein,
Zu sehn, was Gott uns hat beschert
Mit seinem lieben Sohn verehrt.

Merk auf, mein Herz, und sieh dort hin.

Was liegt doch in dem Krippelein?
Wes ist das schöne Kindelein?
Es ist das liebe Jesulein.

Sei willekomm, du edler Gast!
Den Sünder nicht verschmähet hast
Und kommst ins Elend her zu mir
Wie soll ich immer danken dir?

Ach Herr, du Schöpfer aller Ding,
Wie bist du worden so gering,
Daß du da liegst auf dürrem Gras.
Davon ein Rind und Esel aß!

Und wär die Welt viel mal so weit,
Von Edelstein und Gold bereit't,
So wär sie doch dir viel zu klein,
Zu sein ein enges Wiegelein.

Der Sammet und die Seiden dein,
Das ist grob Heu und Windelein,
Darauf du Kön'g so groß und reich
Herprangst, als wär's dein Himmelreich.

Das hat also gefallen dir,
Die Wahrheit anzuzeigen mir,
Wie aller Welt Macht, Ehr und Gut
Vor dir nichts gilt, nichts hilft noch tut.

Ach mein herzliebes Jesulein,
Mach dir ein rein, sanft Bettelein,
Zu ruhen in meins Herzens Schrein,
Daß ich nimmer vergesse dein.

Davon ich allzeit fröhlich sei,
Zu springen, singen immer frei
Das rechte Susaninne schon,
Mit Herzenslust den süßen Ton.

Lob, Ehr sei Gott im höchsten Thron,
Der uns schenkt seinen ein'gen Sohn.
Des freuen sich der Engel Schar
Und singen uns ein neues Jahr.

Stille Nacht, heilige Nacht

Stille Nacht, heilige Nacht!
Alles schläft, einsam wacht
Nur das traute hochheilige Paar.
Holder Knabe im lockigen Haar,
Schlaf in himmlischer Ruh!
Schlaf in himmlischer Ruh!

Stille Nacht, heilige Nacht,
Gottes Sohn, o wie lacht
Lieb' aus Deinem göttlichen Mund,
Da uns schlägt die rettende Stund,
Christ, in Deiner Geburt!
Christ, in Deiner Geburt!

Stille Nacht, heilige Nacht,
Hirten erst kund gemacht!
Durch der Engel Halleluja
tönet es laut von fern und nah:
Christ der Retter ist da!
Christ der Retter ist da!

Alle Jahre wieder

Alle Jahre wieder,
kommt das Christuskind
auf die Erde nieder,
wo wir Menschen sind.

Kehrt mit seinem Segen
ein in jedes Haus,
geht auf allen Wegen
mit uns ein und aus.

Ist auch mir zur Seite
still und unerkannt,
dass es treu mich leite
an der lieben Hand.

Es ist ein Ros' entsprungen

Es ist ein Ros' entsprungen
aus einer Wurzel zart.
wie uns die Alten sungen,
von Jesse kam die Art.
Und hat ein Blümlein bracht
mitten im kalten Winter,
wohl zu der halben Nacht.

Das Röslein, das ich meine,
davon Jesajas sagt,
hat uns gebracht alleine
Marie, die reine Magd.
Aus Gottes ew'gem Rat
hat sie ein Kind geboren
wohl zu der halben Nacht.

Macht hoch die Tür, die Tor' macht weit!

Macht hoch die Tür, die Tor' macht weit!
Es kommt der Herr der Herrlichkeit,
ein König aller Königreich,
ein Heiland aller Welt zugleich,
der Heil und Leben mit sich bringt,
der halben jauchzt, mit Freuden singt:
Gelobet sei mein Gott,
mein Schöpfer reich von Rat.

Er ist gerecht, ein Helfer wert,
Sanftmütigkeit ist sein Gefährt,
sein Königskron' ist Heiligkeit,
sein Zepter ist Barmherzigkeit;
all unser Not zum End' er bringt,
der halben jauchzt, mit Freuden singt:
Gelobet sei mein Gott,
mein Heiland groß von Tat!

Kommet, ihr Hirten

Kommet, ihr Hirten, ihr Männer und Frau'n!
Kommet, das liebliche Kindlein zu schau'n!
Christus, der Herr, ist heute geboren,
den Gott zum Heiland euch hat erkoren.
Fürchtet euch nicht!

Lasset uns sehen in Bethlehems Stall,
was uns verheissen der himmlische Schall!
Was wir dort finden, lasset uns künden,
lasset uns preisen mit frommen Weisen,
Hallelujah!

Wahrlich, die Engel verkünden heut
Bethlehems Hirtenvolk gar grosse Freud':
Nun soll es werden Friede auf Erden,
den Menschen allen ein Wohlgefallen.
Ehre sei Gott!

Fröhliche Weihnacht überall!

"Fröhliche Weihnacht überall!"
tönet durch die Lüfte froher Schall.
Weihnachtston, Weihnachtsbaum,
Weihnachtsduft in jedem Raum!

"Fröhliche Weihnacht überall!"
tönet durch die Lüfte froher Schall.
Darum alle
stimmet in den Jubelton,
denn es kommt das Licht der Welt
von des Vaters Thron.

"Fröhliche Weihnacht überall"...
Licht auf dunklem Wege,
unser Licht bist du;
denn du führst, die dir vertrau'n,
ein zu sel'ger Ruh'.

"Fröhliche Weihnacht überall"...
Was wir ander'n taten,
sei getan für dich,
daß bekennen jeder muß,
Christkind kam für mich.

Es kommt ein Schiff geladen

Es kommt ein Schiff,
geladen bis an sein' höchsten Bord,
trägt Gottes Sohn voll Gnaden,
des Vaters ewig's Wort.

Das Schiff geht still im Triebe,
es trägt ein' teure Last;
das Segel ist die Liebe,
der Heilig' Geist der Mast.

Der Anker haft' auf Erden,
da ist das Schiff am Land.
Das Wort tut Fleisch uns werden,
der Sohn ist uns gesandt.

Zu Bethlehem geboren
im Stall ein Kindelein,
gibt sich für uns verloren;
gelobet muß es sein.

Und wer dies Kind mit Freuden
umfangen, küssen will,
muß vorher mit ihm leiden
groß' Pein und Marter viel,

danach mit ihm auch sterben
und geistlich aufersteh'n,
ewig's Leben zu erben,
wie an ihm ist gescheh'n.

Lasst uns froh und munter sein

Lasst uns froh und munter sein
und uns recht von Herzen freun!
Lustig, lustig, traleralera!
Bald ist Nik'lausabend da,
bald ist Nik'lausabend da!

Dann stell' ich den Teller auf,
Nik'laus legt gewiß was drauf.
Lustig, lustig, ...

Wenn ich schlaf', dann träume ich:
Jetzt bringt Nik'laus was für mich.
Lustig, lustig, ...

Wenn ich aufgestanden bin,
lauf' ich schnell zum Teller hin.
Lustig, lustig, ...

Nik'laus ist ein guter Mann,
dem man nicht genug danken kann.
Lustig, lustig, ...

Leise rieselt der Schnee

Leise rieselt der Schnee,
still und starr ruht der See
weihnachtlich glänzet der Wald:
Freue dich, Christkind kommt bald!

In den Herzen ist's warm,
still schweigt Kummer und Harm,
Sorge des Lebens verhallt:
Freue dich, Christkind kommt bald!

Bald ist heilige Nacht,
Chor der Engel erwacht,
hört nur, wie lieblich es schallt:
Freue dich, Christkind kommt bald!

Morgen, Kinder, wird's was geben

Morgen, Kinder, wird's was geben,
morgen werden wir uns freun!
Welch ein Jubel, welch ein Leben
wird in unserm Hause sein!
Einmal werden wir noch wach,
heißa dann ist Weihnachtstag!

Wie wird dann die Stube glänzen
von der großen Lichterzahl,
schöner als bei frohen Tänzen
ein geputzter Kronensaal.
Wißt ihr noch vom vor'gen Jahr,
wie's am Weihnachtsabend war?

Wißt ihr noch mein Räderpferdchen,
Malchens nette Schäferin,
Jettchens Küche mit dem Herdchen
und dem blankgeputzten Zinn?
Heinrichs bunten Harlekin
mit der gelben Violin?

Welch' ein schöner Tag ist morgen!
Viele Freunde hoffen wir;
uns're lieben Eltern sorgen
lange, lange schon dafür.
O gewiß, wer sie nicht ehrt,
ist der ganzen Lust nicht wert!

Schneeflöckchen, Weißröckchen

Schneeflöckchen, Weißröckchen,
da kommst du geschneit;
du kommst aus den Wolken,
dein Weg ist so weit.

Komm, setz dich ans Fenster,
du lieblicher Stern;
malst Blumen und Blätter,
wir haben dich gern.

Schneeflöckchen, du deckst uns
die Blümelein zu;
dann schlafen sie sicher
in himmlischer Ruh'.

Zu Bethlehem geboren

Zu Bethlehem geboren,
ist uns ein Kindelein,
das hab' ich auserkoren,
sein eigen will ich sein.
Eia, eia, sein eigen will ich sein.

In seine Lieb' versenken
will ich mich ganz hinab;
mein Herz will ich ihm schenken
und alles, was ich hab',
eia, eia, und alles, was ich hab'.

O Kindelein, von Herzen
will ich dich lieben sehr,
in Freuden und in Schmerzen
je länger und je mehr,
eia, eia, je länger und je mehr.

Die Gnade mir doch gebe,
bitt' ich aus Herzensgrund,
daß ich allein dir lebe
jetzt und zu aller Stund',
eia, eia, jetzt und zu aller Stund'.

Dich, wahren Gott, ich finde
in unser'm Fleisch und Blut;
darum ich mich dann binde
an dich, mein höchstes Gut,
eia, eia, an dich, mein höchstes Gut.

Laß mich von dir nicht scheiden,

knüpf' zu, knüpf' zu das Band
der Liebe zwischen beiden;
nimm hin mein Herz zum Pfand,
eia, eia, nimm hin mein Herz zum Pfand!

Am Weihnachtsbaum die Lichter brennen

Am Weihnachtsbaum die Lichter brennen,
wie glänzt er festlich, lieb und mild,
als spräch' er: "Wollt in mir erkennen
getreuer Hoffnung stilles Bild!"

Die Kinder stehn mit hellen Blicken,
das Auge lacht, es lacht das Herz,
o fröhlich seliges Entzücken!
Die Alten schauen himmelwärts.

Zwei Engel sind hereingetreten,
kein Auge hat sie kommen seh'n,
sie gehn zum Weihnachtstisch und beten,
und wenden wieder sich und geh'n.

"Gesegnet seid, ihr alten Leute,
gesegnet sei, du kleine Schar!
Wir bringen Gottes Segen heute
dem braunen wie dem weißen Haar.

Zu guten Menschen, die sich lieben,
schickt uns der Herr als Boten aus,
und seid ihr treu und fromm geblieben,
wir treten wieder in dies Haus."

Kein Ohr hat ihren Spruch vernommen,
unsichtbar jedes Menschen Blick
sind sie gegangen wie gekommen,
doch Gottes Segen blieb zurück.

Der Heiland ist geboren

Der Heiland ist geboren,
freu dich, o Christenheit,
sonst wär'n wir gar verloren
in alle Ewigkeit.

Freut euch von Herzen, ihr Christen all',
kommt her zum Kindlein in den Stall,
freut euch von Herzen, ihr Christen all',
kommt her zum Kindlein in dem Stall.

Ein Kindlein auserkoren,
freu dich, du Christenheit!
Sonst wär'n wir gar verloren
in alle Ewigkeit!

Die Engel lieblich singen,
freu dich, du Christenheit;
tun gute Botschaft bringen,
verkündigen große Freud'!

Der Gnadenbrunn tut fließen,
freu dich, du Christenheit!
Tut all' das Kindlein grüßen!
Kommt her zu ihm mit Freud'!

Ihr Kinderlein kommet, o kommet doch all'

Ihr Kinderlein kommet, o kommet doch all'!
Zur Krippe her kommet in Bethlehems Stall.
Und seht, was in dieser hochheiligen Nacht
der Vater im Himmel für Freude uns macht.

O seht in der Krippe im nächtlichen Stall,
seht hier bei des Lichtleins hellglänzendem Strahl
in reinlichen Windeln das himmlische Kind,
viel schöner und holder, als Englein es sind.

Da liegt es, das Kindlein, auf Heu und auf Stroh;
Maria und Joseph betrachten es froh.
Die redlichen Hirten knien betend davor,
hoch oben schwebt jubelnd der himmlische Chor.

O beugt wie die Hirten anbetend die Knie,
erhebet die Händlein und danket wie sie.
Stimmt freudig, ihr Kinder - wer sollt' sich nicht freu'n? -
stimmt freudig zum Jubel der Engel mit ein!

Was geben wir Kinder, was schenken wir dir,
du bestes und liebstes der Kinder, dafür?
Nichts willst du von Schätzen und Reichtum der Welt,
ein Herz nur voll Demut allein dir gefällt.

"So nimm uns're Herzen zum Opfer denn hin;
wir geben sie gerne mit fröhlichem Sinn;
und mache sie heilig und selig wie deins,
und mach' sie auf ewig mit deinem in eins."

Süßer die Glocken nie klingen

Süßer die Glocken nie klingen
als zu der Weihnachtszeit:
S'ist als ob Engelein singen
wieder von Frieden und Freud'.
|: Wie sie gesungen in seliger Nacht. :|
Glocken mit heiligem Klang,
klinget die Erde entlang!

Oh, wenn die Glocken erklingen,
schnell sie das Christkindlein hört;
tut sich vom Himmel dann schwingen
eilig hernieder zur Erd'.
|: Segnet den Vater, die Mutter, das Kind. :|
Glocken mit heiligem Klang...

Klinget mit lieblichem Schalle
über die Meere noch weit,
daß sich erfreuen doch alle
seliger Weihnachtszeit.
|: Alle aufjauchzen mit herrlichem Sang. :|
Glocken mit heiligem Klang...

Tief im kalten Winter

Tief im kalten Winter
Kommt die Weihnachtszeit.
Alle guten Kinder
Werden dann erfreut.
Alle guten Kinder
Werden dann erfreut.

In der guten Stube
Ist die Herrlichkeit.
Möchten's gerne wissen,
Was darin bereit.
Möchten's gerne wissen,
Was darin bereit.

Dürfen doch nicht lauschen
Mutter hat's verwehrt.
Wird's Geschenk vertauschen,
Wenn das Kind nicht hört.
Wird's Geschenk vertauschen,
Wenn das Kind nicht hört.

Freut euch still im Herzen,
Bis der Tag erscheint,
Der bei seinen Kerzen
Alle froh vereint.
Der bei seinen Kerzen
Alle froh vereint.

Morgen kommt der Weihnachtsmann

Morgen kommt der Weihnachtsmann,
kommt mit seinen Gaben
Wiege, Puppe Ei der Daus!
Zuckerzeug und Knusperhaus
Ja ein ganzes Puppenhaus
möcht ich gerne haben.

Bring auch lieber Weihnachtsmann
bring auch morgen bringe
Eisenbahn und Roller her,
Baukasten und noch viel mehr,
Schokolade lieb ich sehr
lauter schöne Dinge.

Doch du kennst ja unsern Wunsch
kennst ja unsre Herzen.
Kinder, Vater und Mama,
auch sogar der Großpapa,
alle, alle sind sie da.
Warten dein mit Schmerzen.

Maria durch ein' Dornwald ging

Maria durch ein' Dornwald ging.
Kyrieleison !
Maria durch ein' Dornwald ging,
Der hatte in sieben Jahrn kein Laub getragen !
Jesus und Maria.
Was trug Maria unter ihrem Herzen ?
Kyrieleison !
Ein kleines Kindlein ohne Schmerzen,
Das trug Maria unter ihrem Herzen !
Jesus und Maria.

Da hab'n die Dornen Rosen getragen.
Kyrieleison !
Als das Kindlein durch den Wald getragen,
Da haben die Dornen Rosen getragen !
Jesus und Maria.

Wie soll dem Kind sein Name sein ?
Kyrieleison !
Der Name, der soll Christus sein,
Das war von Anfang der Name sein !
Jesus und Maria.

Wer soll dem Kind sein Täufer sein ?
Kyrieleison !
Das soll der Sankt Johannes sein,
Der soll dem Kind sein Täufer sein !
Jesus und Maria.

Was kriegt das Kind zum Patengeld ?
Kyrieleison !

Den Himmel und die ganze Welt,
Das kriegt das Kind zum Patengeld !
Jesus und Maria.

Wer hat erlöst die Welt allein ?
Kyrieleison !
Das hat getan das Christkindlein,
Das hat erlöst die Welt allein !
Jesus und Maria.

Als ich bei meinen Schafen wacht

Als ich bei meinen Schafen wacht
Ein Engel mir die Botschaft bracht.
Des bin ich froh, bin ich froh,
Froh, froh, froh, o, o, o!
Benedicamus Domino.

Er sagt', es soll geboren sein
Zu Bethlehem ein Kindelein

Er sagt, das Kind läg da im Stall
Und soll die Welt erlösen all.

Als ich das Kind im Stall gesehn
Nicht wohl konnt ich von dannen gehn.

Das Kind zu mir sein' Äuglein wandt,
Mein Herz gab ich in seine Hand.

Demütig küßt' ich seine Fuß',
Davon mein Mund ward zuckersüß.

Als ich heimging, das Kind wollt' mit
Und wollt' von mir abweichen nit.

Das Kind legt' sich an meine Brust
Und macht' mir da all' Herzenslust

Den Schatz muß ich bewahren wohl,
So bleibt mein Herz der Freuden voll.

Der Heiland ist geboren

Der Heiland ist geboren
Freu dich, o Christenheit
Sonst wär´n wir gar verloren
In alle Ewigkeit!
Freut euch von Herzen, ihr Christen all
Kommt her zum Kindlein in dem Stall

Das Kindlein auserkoren,
Freu dich, o Christenheit,
Das in dem Stall geboren,
Hat Himmel und Erd erfreut.
Freut euch von Herzen, ihr Christen all,
Kommt her zum Kindlein in dem Stall.

Die Engel lieblich singen,
Freu dich, du Christenheit,
Tun gute Botschaft bringen,
Verkündigen große Freud.
Freut euch von Herzen, ihr Christen all,
Kommt her zum Kindlein in dem Stall.

Den Frieden sie verkünden!
Freu dich, du Christenheit!
Verzeihung aller Sünden
Ist uns im Stall bereit't
Freut euch von Herzen, ihr Christen all,
Kommt her zum Kindlein in dem Stall.

Der Gnadenbrunn tut fließen.
Freu dich, du Christenheit!
Tut alle das Kindlein grüßen,

Kommt her zu ihm mit Freud!
Freut euch von Herzen, ihr Christen all,
Kommt her zum Kindlein in dem Stall.

Es führt drei König Gottes Hand

Es führt drei König Gottes Hand
mit einem Stern aus Morgenland
zum Christkind durch Jerusalem
zur Davids Stadt nach Bethlehem.
Gott, führ auch uns zu diesem Kind
und mach aus uns sein Hofgesind!

Aus Morgenland in aller Eil
sie reisten weit, viel hundert Meil.
Sie zogen hin zu Land und See,
bergauf, bergab, durch Reif und Schnee.
Zu dir, o Gott, die Pilgerfahrt
uns dünke nie zu schwer und hart.

Sie kehrten bei Herodes ein,
am Himmel schwand des Sternes Schein;
doch wie zum Kind sie eilig gehen,
den Stern sie auch von neuem sehn.
Gott, laß das Licht der Gnad uns schaun,
auf deine Führung fest vertraun!

Und überm Haus wo's Kindlein war
stand still der Stern, so wunderbar;
da knien sie und weih'n dem Kind
Gold, Weihrauch, Myrrh' zum Angebind.
Gott, nimm von uns als Opfergut
Herz, Leib und Seele, Ehr und Blut!

Durch Weihrauch stellten fromm sie dar,
daß dieses Kind Gott selber war;
die Myrrh' auf seine Menschheit wies,

das Gold die Königswürde pries.
O Gott, halt uns bei dieser Lehr;
dem Irrtum und dem Abfall wehr!

Ich steh an deiner Krippe hier

Ich steh an deiner Krippe hier,
O Jesu du mein Leben;
Ich komme, bring und schenke dir,
Was du mir hast gegeben.
Nimm hin, es ist mein Geist und Sinn,
Herz, Seel und Mut, nimm alles hin
Und laß dir's wohlgefallen.

Da ich noch nicht geboren war,
Da bist du mir geboren
Und hast mich dir zu eigen gar,
Eh ich dich kannt, erkoren.
Eh ich durch deine Hand gemacht,
Da hast du schon bei dir bedacht,
Wie du mein wolltest werden.

Ich lag in tiefster Todesnacht,
Du warest meine Sonne,
Die Sonne die mir zugebracht
Licht, Leben, Freud und Wonne.
O Sonne, die das werte Licht
Des Glaubens in mir zugericht't,
Wie schön sind deine Strahlen.

Ich sehe dich mit Freuden an
Und kann mich nicht satt sehen;
Und weil ich nun nichts weiter kann,
Bleib ich anbetend stehen.
O daß mein Sinn ein Abgrund wär
Und meine Seel ein weites Meer,
Daß ich dich möchte fassen !

Wann oft mein Herz vor Kummer weint
Und keinen Trost kann finden,
Da ruft mir's zu: "Ich bin dein Freund,
Ein Tilger deiner Sünden.
Was trauerst du, o Bruder mein?
Du sollst ja guter Dinge sein,
Ich sühne deine Schulden."

O daß doch so ein lieber Stern
Soll in der Krippen liegen !
Für edle Kinder großer Herrn
Gehören güldne Wiegen.
Ach Heu und Stroh ist viel zu schlecht,
Samt, Seide, Purpur wären recht,
Dies Kindlein drauf zu legen !

Nehm weg das Stroh, nehm weg das Heu!
Ich will mir Blumen holen,
Daß meines Heilands Lager sei
Auf lieblichen Violen;
Mit Rosen, Nelken, Rosmarin
Aus schönen Gärten will ich ihn
Von oben her bestreuen.

Du fragest nicht nach Lust der Welt
Noch nach des Leibes Freuden;
Du hast dich bei uns eingestellt,
An unsrer Statt zu leiden,
Suchst meiner Seele Herrlichkeit
Durch dein selbsteignes Herzeleid;
Das will ich dir nicht wehren.

Eins aber hoff ich wirst du mir,
Mein Heiland, nicht versagen:
Daß ich dich möge für und für
In meinem Herzen tragen.
So laß mich doch dein Kripplein sein;
Komm, komm und lege bei mir ein
Dich und all deine Freuden !

Zwar sollt ich denken, wie gering
Ich dich bewirten werde:
Du bist der Schöpfer aller Ding,
Ich bin nur Staub und Erde.
Doch du bist so ein frommer Gast,
Daß du noch nie verschmähet hast
Den der dich gerne siehet.

Kommt und laßt uns Christum ehren

Kommt und laßt uns Christum ehren,
Herz und Sinnen zu ihm kehren!
Singet fröhlich, laßt euch hören,
Wertes Volk der Christenheit!

Sünd' und Hölle mag sich grämen,
Tod und Teufel mag sich schämen.
Wir, die unser Heil annehmen,
Werfen allen Kummer hin.

Sehet, was hat Gott gegeben!
Seinen Sohn zum ew'gen Leben!
Dieser kann und will uns heben
Aus dem Leid in's Himmels Freud'.

Seine Seel' ist uns gewogen,
Lieb' und Gunst hat ihn gezogen,
Uns, die Satanas betrogen,
Zu besuchen aus der Höh'.

Jakobs Stern ist aufgegangen,
Stillt das sehnliche Verlangen,
Bricht den Kopf der alten Schlange
Und zerstört der Hölle Reich.

Unser Kerker, da wir saßen
Und mit Sorgen ohne Maßen
Uns das Herze selbst abfraßen,
Ist entzwei, und wir sind frei.

O du hochgesegn'te Stunde,

Da wir das von Herzensgrunde
Glauben und mit unserm Munde
Danken dir, o Jesulein!

Schönstes Kindlein in dem Stalle,
Sei uns freundlich, bring uns alle
Dahin, wo mit süßem Schalle
Dich der Engel Heer erhöht!

Lobt Gott ihr Christen alle gleich

Lobt Gott, ihr Christen, alle gleich
In seinem höchsten Thron,
Der heut' schließt auf sein Himmelreich
Und schenkt uns seinen Sohn,
Und schenkt uns seinen Sohn.

Er kommt aus seines Vaters Schoß
Und wird ein Kindlein klein,
Er liegt dort elend, nackt und bloß
In einem Krippelein,
In einem Krippelein.

Er äußert sich all' seiner G' walt,
Wird niedrig und gering,
Und nimmt an sich ein' s Knechts Gestalt,
Der Schöpfer aller Ding',
Der Schöpfer aller Ding'.

Er wechselt mit uns wunderlich:
Fleisch und Blut nimmt er an
Und gibt uns in sein' s Vater Reich
Die klare Gottheit dran.
Die klare Gottheit dran.

Er wird ein Knecht und ich ein Herr;
Das mag ein Wechsel sein!
Wie könnt' es doch sein freundlicher,
Das herze Jesulein,
Das herze Jesulein.

Heut schleußt er wieder auf die Tür

Zum schönen Paradeis:
Der Cherub steht nicht mehr dafür,
Gott sei Lob, Ehr' und Preis!
Gott sei Lob, Ehr' und Preis!

Feliz Navidad

Feliz Navidad,
Feliz Navidad,
Feliz Navidad,
prospero año y felicidad.

Feliz Navidad,
Feliz Navidad,
Feliz Navidad,
prospero año y felicidad.

I wanna wish You a Merry Christmas,
I wanna wish You a Merry Christmas,
I wanna wish You a Merry Christmas,
from the Bottom of My Heart.

Jingle Bells

Dashing through the snow in a one-horse open sleigh,
over the fields we go, laughing all the way.
Bells on bobtail ring, making spirits bright
what fun it is to ride and sing a sleighing song to-night.

Jingle, bells! Jingle, bells! Jingle all the way!
O what fun it is to ride in a one-horse open sleigh!
Jingle, bells! Jingle, bells! Jingle all the way!
O what fun it is to ride in a one-horse open sleigh.

A day or two ago I thought I'd take a ride,
and soon Miss Fannie Bright was seated by my side.
The horse was lean and lank, misfortune seemed his lot, he got into a drifted bank and we, we got upsot.

Jingle, bells! Jingle, bells! ...

Now the ground is white, go it while you're young,
Take the girls tonight and sing this sleighing song.
Just get a bobtailed bay, two-forty for his speed,
Then hitch him to an open sleigh, and crack! You'll take the lead.

Jingle, bells! Jingle, bells! ...

O Christmas Tree

O Christmas Tree,
O Christmas Tree,
How steadfast are
your branches!
Your boughs are green
in summer's clime
And through the snows
of wintertime.
O Christmas Tree,
O Christmas Tree,
How steadfast are
your branches!

O Christmas Tree,
O Christmas Tree,
What happiness befalls me
When oft at
joyous Christmas-time
Your form inspires
my song and rhyme.
O Christmas Tree,
O Christmas Tree,
What happiness befalls me

O Christmas Tree,
O Christmas Tree,
Your boughs can
teach a lesson
That constant faith
and hope sublime
Lend strength and

comfort through all time.
O Christmas Tree,
O Christmas Tree,
Your boughs can
teach a lesson

Silver Bells

Christmas makes you feel emotional
It may bring parties or thoughts devotional
Whatever happens or what may be,
Here is what Christmas time means to me.

City sidewalk, busy sidewalks
dressed in holiday style.
In the air there's
a feeling of Christmas.

Children laughing, people passing,
meeting smile after smile,
And on every street corner you'll hear:

Silver bells, silver bells,
It's Christmas time in the city.
Ring-a-ling, hear them ring,
soon it will be Christmas day.

City street lights,
even stop lights,
blink a bright red and green,
As the shoppers rush home
with their treasures.

Hear the snow crunch,
see the kids bunch,
This is Santa's big scene,
And above all this bustle you'll hear:

Silver bells, silver bells,

It's Christmas time in the city.
Ring-a-ling, hear them ring,
soon it will be Christmas day.

Silent Night

Silent night, holy night!
All is calm, all is bright
Round yon virgin mother and child.
Holy infant so tender and mild,
Sleep in heavenly peace,
Sleep in heavenly peace!

Silent night, holy night!
Shepherds quake at the sight
Glories stream from heaven afar,
Heavenly hosts sing Alleluia:
Christ the Savior is born,
Christ the Savior is born!

Silent night, holy night!
Son of God, love's pure light
Radiant beams from Thy holy face
With the dawn of redeeming grace,
Jesus, Lord, at Thy birth,
Jesus, Lord, at Thy birth.

Silent night, holy night!
Wondrous star, lend thy light
With the angels let us sing,
Alleluia to our King:
Christ, the Savior is born,
Christ, the Savior is born!

White Christmas

I'm dreaming of a white Christmas
Just like the ones I used to know
Where the treetops glisten,
and children listen
To hear sleigh bells in the snow

I'm dreaming of a white Christmas
With every Christmas card I write
May your days be merry and bright
And may all your Christmases be white

I'm dreaming of a white Christmas
With every Christmas card I write
May your days be merry and bright
And may all your Christmases be white

We Wish You a Merry Christmas

|: We wish you a merry Christmas, :|
We wish you a merry Christmas
And a happy New Year

Refrain:
Glad tidings we bring,
To you and your kin;
Glad tidings for Christmas
And a happy New Year!

|: We want some figgy pudding :|
We want some figgy pudding
Please bring it right here!
Refrain:

|: We won't go until we get some :|
We won't go until we get some
So bring it out here!
Refrain:

|: We all know that Santa's coming, :|
We all know that Santa's coming,
And soon will be here.
Refrain:

|: We wish you a merry Christmas, :|
We wish you a merry Christmas
And a happy New Year
Refrain:

The Twelve Days of Christmas

On the first day of Christmas,
my true love sent to me
A partridge in a pear tree.

On the second day of Christmas,
my true love sent to me
Two turtle doves,
And a partridge in a pear tree.

On the third day of Christmas,
my true love sent to me
Three French hens,
Two turtle doves,
And a partridge in a pear tree.

On the fourth day of Christmas,
my true love sent to me
Four calling birds,
Three French hens,
Two turtle doves,
And a partridge in a pear tree.

On the fifth day of Christmas,
my true love sent to me
Five golden rings,
Four calling birds,
Three French hens,
Two turtle doves,
And a partridge in a pear tree.

On the sixth day of Christmas,

my true love sent to me
Six geese a-laying,
Five golden rings,
Four calling birds,
Three French hens,
Two turtle doves,
And a partridge in a pear tree.

On the seventh day of Christmas,
my true love sent to me
Seven swans a-swimming,
Six geese a-laying,
Five golden rings,
Four calling birds,
Three French hens,
Two turtle doves,
And a partridge in a pear tree.

On the eighth day of Christmas,
my true love sent to me
Eight maids a-milking,
Seven swans a-swimming,
Six geese a-laying,
Five golden rings,
Four calling birds,
Three French hens,
Two turtle doves,
And a partridge in a pear tree.

On the ninth day of Christmas,
my true love sent to me
Nine ladies dancing,
Eight maids a-milking,

Seven swans a-swimming,
Six geese a-laying,
Five golden rings,
Four calling birds,
Three French hens,
Two turtle doves,
And a partridge in a pear tree.

On the tenth day of Christmas,
my true love sent to me
Ten lords a-leaping,
Nine ladies dancing,
Eight maids a-milking,
Seven swans a-swimming,
Six geese a-laying,
Five golden rings,
Four calling birds,
Three French hens,
Two turtle doves,
And a partridge in a pear tree.

On the eleventh day of Christmas,
my true love sent to me
Eleven pipers piping,
Ten lords a-leaping,
Nine ladies dancing,
Eight maids a-milking,
Seven swans a-swimming,
Six geese a-laying,
Five golden rings,
Four calling birds,
Three French hens,
Two turtle doves,

And a partridge in a pear tree.

On the twelfth day of Christmas,
my true love sent to me
Twelve drummers drumming,
Eleven pipers piping,
Ten lords a-leaping,
Nine ladies dancing,
Eight maids a-milking,
Seven swans a-swimming,
Six geese a-laying,
Five golden rings,
Four calling birds,
Three French hens,
Two turtle doves,
And a partridge in a pear tree!

Wir wünschen Ihnen
Frohe Weihnachten

Besuchen Sie uns auf:

www.weihnachten-online.org